BIOGRAFÍAS DETRÁS DE ESCENA

LO QUE NUNCA SUPISTE SOBRE TAYLOR SWIFT

de Grace R. Marx

CAPSTONE PRESS
a capstone imprint

Esta es una biografía no autorizada.
Publicado por Spark, una impresión de Capstone
1710 Roe Crest Drive, North Mankato, Minnesota 56003
capstonepub.com

Publicado originalmente como *What You Never Knew About Taylor Swift*,
copyright 2022 por Capstone.

Datos de Catalogación en Publicación de la Biblioteca del Congreso
Names: Marx, Mandy R., author
Title: Lo que nunca supiste sobre Taylor Swift / Grace R. Marx. Description: North Mankato, Minnesota : Capstone Press, [2026]
Series: Biografias detras de escena | Includes index.
Audience term: Children | Audience: Ages 9-11 | Audience: Grades 4-6
Summary: "Taylor Swift paso de cantar karaoke en un bar de carretera cuando era una adolescente a ser un icono musical a los veinte anos. Pero, Â¿como es su vida cuando las camaras no estan filmando? Los detalles de gran interes y las fotos audaces de su vida de alto perfil cautivaran a los lectores reacios y con dificultades, mientras que el texto cuidadosamente nivelado les inspirara confianza."-- Provided by publisher. Identifiers: LCCN 2025022075 (print) | LCCN 2025022076 (ebook) | ISBN 9798875260773 (hardcover) ISBN 9798875260728 (paperback) | ISBN 9798875260735 (PDF) | ISBN 9798875260742 (epub) ISBN 9798875260759 (Kindle edition)
Subjects: LCSH: Swift, Taylor, 1989---Juvenile literature | Singers--United States--Biography--Juvenile literature | LCGFT: Biographies
Classification: LCC ML3930.S989 M37 2026 (print) | LCC ML3930.S989 (ebook) | DDC 782.42164092 [B]--dc23/eng/20250516
LC record available at https://lccn.loc.gov/2025022075
LC ebook record available at https://lccn.loc.gov/2025022076

Créditos editoriales
Editora: Mandy Robbins; Diseñadora:: Heidi Thompson; Investigadoras de medios: Jo Miller and Pam Mitsakos; Especialista en producción: Tori Abraham

Créditos de imagen
Alamy Images: Pictorial Press Ltd, 19; Associated Press: Patricia Schlein/STAR MAX/IPx, portada; Getty Images: Kevin Mazur/WireImage, 13; Newscom: Sasha, CelebrityHomePhotos, 21; Shutterstock: Artem Furman, 18 (izquierda), baibaz, 7 (derecha), barberry, 16 (abajo), Brian Friedman, 10, 17, DFree, 7 (izquierda), Eric Isselee, 18 (derecha), Ermolaev Alexander, 18 (en medio), Featureflash Photo Agency, 4, 9, 25, homydesign, 8 (izquierda), Jaguar PS, 22 (derecha), Kathy Hutchins, 14, 24 (derecha), Liam Goodner, 27, Mark Breck, 24 (izquierda), Neirfy, 8 (derecha), Ovidiu Hrubaru, 26, RTimages, 9 (arriba), s_bukley, 22 (izquierda), Tinseltown, 22 (en medio), 28

Printed and bound in China. PO 6459

TABLA DE CONTENIDO

Las palabras en **negrita** están en el glosario.

SALVE A LA REINA

Taylor Swift es la reina del canto y la composición. También es la reina de los apodos. Tay, T-Swift, T-Swizzle y T-Sweezy son solo algunos. ¿Teffy? Así la llama Austin, el hermano pequeño de Taylor.

¿Qué más podría sorprenderte sobre T-Swift?
¡Es hora de averiguarlo!

LAS COSAS FAVORITAS DE TAY TAY

¿Crees que eres la **Swifty** más grande que existe? ¿Cuántas de las cosas favoritas de Taylor conoces?

1. **¿Comida favorita?**
2. **¿Pedidos favoritos del autoservicio?**
3. **¿Programa de televisión favorito de todos los tiempos?**
4. **¿Película favorita?**
5. **¡Puntos extra por el único artículo que Taylor siempre tiene en su refri!**

HECHO

En 2007, Taylor realizó una gira con el cantante de country Brad Paisley. Él la apodó Tater Tot. A Taylor NO le gustó para nada.

1. Tiras de pollo **2.** Hamburguesa con queso, papas fritas y un batido de chocolate **3.** *Friends (Colegas)* **4.** *Love Actually (Realmente amor)* **5.** Hummus

¡A Taylor le ENCANTAN los productos horneados! De hecho, hornear es su pasatiempo favorito. Disfruta de todo lo que tenga que ver con la calabaza. Sus favoritos son el pan de calabaza y las galletas de calabaza con nueces. Hablando de galletas, a Tay también le encantan las galletas de avena con trozos de chocolate.

Westfield
LONDON W12
RED
TAYLOR SWIFT

¡TAYLOR EN NÚMEROS!

31

T-Swift nació el 13 de diciembre de 1989. Dice que el 13 es su número de la suerte. Cumplió 31 años en 2020. Eso fue algo muy importante porque 31 es 13 al revés. Ese año lanzó 31 canciones nuevas en sus álbumes Folklore y Evermore. Un álbum anterior se llamó 1989.

1989

HECHO

En 2021, Taylor escribió y dirigió un cortometraje de su versión de 10 minutos de la canción "All Too Well".

Taylor también tiene grandes números en las redes sociales. Tiene más de 185 millones de seguidores en Instagram. Hay al menos 89 millones de fanáticos de T-Swift en Twitter. ¿Cuántas cuentas de Instagram y Twitter sigue a cambio? Serían cero.

UNA BÚSQUEDA DE HUEVOS DE SWIFTY

Taylor suele esconder mensajes secretos en sus canciones y videos. Estos "huevos de Pascua" dan a los fans algo que buscar y de lo que hablar.

Por ejemplo, Tay es amiga de los actores Ryan Reynolds y Blake Lively. La pareja tuvo su tercer hijo en 2019. Pero mantuvieron en secreto el nombre del bebé. Así fue, ¡hasta que salió el álbum Folklore de Taylor!

"Me encanta que a ellos [mis fans] les gusten las pistas crípticas. Porque mientras les guste, seguiré haciéndolo. Es divertido".

-Taylor Swift, *Entertainment Weekly*, 2019

La canción de Taylor "Betty" reveló el nombre del bebé de Ryan y Blake. Pero los fans todavía tenían que juntar todas las pistas. En la canción, Taylor usó los nombres de las otras dos hijas de los actores, James e Inez. Los fans inteligentes se apresuraron a notar que el bebé No. 3 probablemente se llamaría Betty. Ryan y Blake confiaron en Tay para que se lo dijera al mundo.

¿ERES GATITA COMO YO?

¡Tay Tay está loca por sus gatos! Sus nombres son Meredith, Olivia y Benjamin. Ella dice que la ternura de sus gatos es la razón por la que tiene una gran cantidad de seguidores en Instagram. Los puso en el video de su canción "ME!".

Taylor incluso llegó a SER un gato. En 2019, interpretó a una gata en la película **musical** Cats (Gatos).

"No se puede escribir 'Cats' sin 'T.S.'"

-Taylor Swift

NO HAY LUGAR **COMO** EL HOGAR

Taylor tiene muchos lugares a los que llama hogar. Menciona algunos en sus canciones. ¿Puedes relacionar estas ubicaciones con las canciones de Swift? Algunas son más fáciles que otras.

1. **La casa de la infancia de Taylor en Pensilvania**
2. **Casa de vacaciones, Rhode Island**
3. **Varios apartamentos en Nueva York**
4. **Casa adosada en el norte de Londres**

La casa de vacaciones de Taylor en Rhode Island

1. "Christmas Tree Farm" **2.** "The Last Great American Dynasty" **3.** "Welcome to New York" **4.** "London Boy"

HECHO

Taylor también posee propiedades en Beverly Hills, California y Nashville, Tennessee.

EL ESTILO CAMBIANTE DE TAY

El estilo de moda de T-Swift cambió junto con su música. A menudo usaba botas de vaquero en sus primeros años de canto country. Taylor también tenía el pelo largo y naturalmente rizado. Deslumbraba con vestidos brillantes o vestidos cortos.

En la década de los 2010, la música de Taylor pasó del country al pop. Ella también cambió su estilo. Primero, dejó de usar botas de vaquero. Llevaba el pelo liso y con flequillo. En 2012, Taylor mostró sus piernas. Lució shorts muy cortitos.

CHILD
95-106
CAPITAL
FM
SUMMERTIME
BALL
HELP A
CAPITAL
CHILD
vodafone

¡En 2014, el estilo de Taylor era atrevido! Llevaba sombreros y **bodis**. En 2016, Tay se **tiñó** el pelo corto de rubio decolorado. Incluso se pintó los labios con lápiz labial negro.

Taylor lució un look más suave en 2018. Se dejó crecer el pelo rizado. En 2020, T-Swift estuvo en confinamiento con el resto del mundo. Eligió suéteres cómodos y lució sus rizos naturales.

LOS MEJORES AMIGOS
A SU LADO

Taylor necesita a sus mejores amigos. Su grupo de amigos famosos incluye a Selena Gómez, Gigi y Bella Hadid y Ed Sheeran. ¡No te olvides de Abigail Anderson Lucier! Ha sido la mejor amiga de Taylor desde la escuela secundaria.

HECHO

Taylor escribió sobre su amistad con Abigail en su canción "Fifteen".

Glosario

bodi (BO-di)—una prenda ajustada de una sola pieza

hummus (JU-mus)—una salsa o pasta para sándwich hecha de garbanzos y pasta de sésamo

musical (mu-si-CAL)—un espectáculo con canto y baile

Swifty (SWIF-ti)—como los fans de Taylor Swift se llaman a sí mismos

teñir (te-ÑIR)—cambiar el color de algo mediante la adición de productos químicos

Acerca de la autora

Grace R. Marx es una ávida escritora, música y entrenadora de voleibol. No hay nada que le guste más que pasar sus días escribiendo, tocando el banjo al ritmo de una melodía de Taylor Swift y paseando a sus adorables rottweilers, Princess y Penny. Si puede jugar un partido de voleibol, mucho mejor.

Índice